AF485902

# Com Coração de Pai

# PATRIS CORDE

COM CORAÇÃO DE PAI: ASSIM JOSÉ AMOU A JESUS, DESIGNADO NOS QUATRO EVANGELHOS COMO «O FILHO DE JOSÉ»

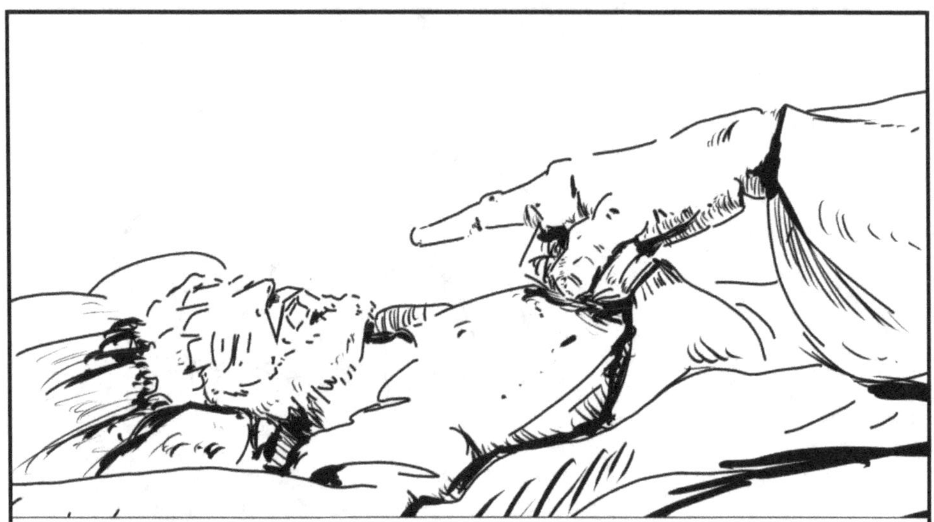

SABEMOS QUE ERA UM HUMILDE CARPINTEIRO,
DESPOSADO COM MARIA; UM «HOMEM JUSTO», SEMPRE
PRONTO A CUMPRIR A VONTADE DE DEUS MANIFESTADA
NA SUA LEI E ATRAVÉS DE QUATRO SONHOS.

DEPOIS DUMA VIAGEM LONGA E
CANSATIVA DE NAZARÉ A BELÉM,
VIU O MESSIAS NASCER NUM ESTÁBULO,
«POR NÃO HAVER LUGAR PARA ELES».

TEVE A CORAGEM DE ASSUMIR A PATERNIDADE LEGAL DE JESUS, A QUEM DEU O NOME REVELADO PELO ANJO: DAR-LHE-ÁS «O NOME DE JESUS, PORQUE ELE SALVARÁ O POVO DOS SEUS PECADOS».

PARA DEFENDER JESUS DE HERODES, RESIDIU COMO FORASTEIRO NO EGITO.

DEPOIS DE MARIA, A MÃE DE DEUS, NENHUM SANTO OCUPA TANTO ESPAÇO NO MAGISTÉRIO PONTIFÍCIO COMO JOSÉ, SEU ESPOSO.

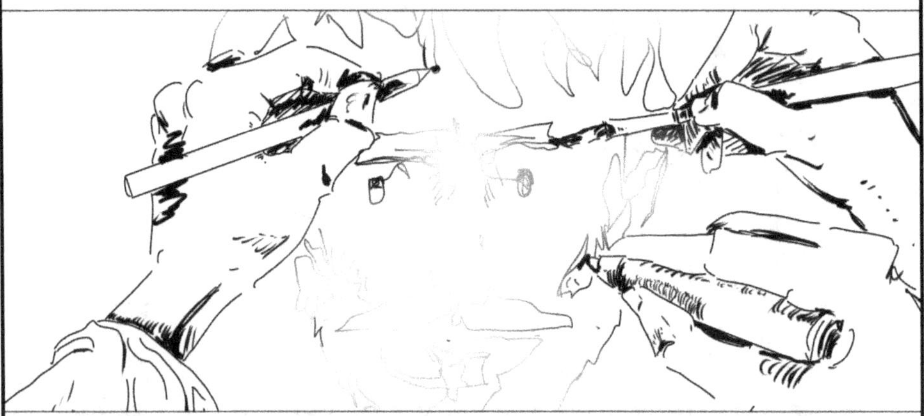

OS MEUS ANTECESSORES APROFUNDARAM A MENSAGEM CONTIDA NOS POUCOS DADOS TRANSMITIDOS PELOS EVANGELHOS PARA REALÇAR AINDA MAIS O SEU PAPEL CENTRAL NA HISTÓRIA DA SALVAÇÃO.

AS NOSSAS VIDAS SÃO TECIDAS E SUSTENTADAS POR PESSOAS COMUNS (HABITUALMENTE ESQUECIDAS), QUE NÃO APARECEM NAS MANCHETES DOS JORNAIS E REVISTAS, NEM NAS GRANDES PASSARELAS DO ÚLTIMO ESPETÁCULO, MAS QUE HOJE ESTÃO, SEM DÚVIDA, A ESCREVER OS ACONTECIMENTOS DECISIVOS DA NOSSA HISTÓRIA.

QUANTAS PESSOAS REZAM, SE IMOLAM
E INTERCEDEM PELO BEM DE TODOS

TODOS PODEM ENCONTRAR EM SÃO JOSÉ
– O HOMEM QUE PASSA DESPERCEBIDO,
O HOMEM DA PRESENÇA QUOTIDIANA DISCRETA
E ESCONDIDA – UM INTERCESSOR, UM AMPARO E UMA GUIA
NOS MOMENTOS DE DIFICULDADE.

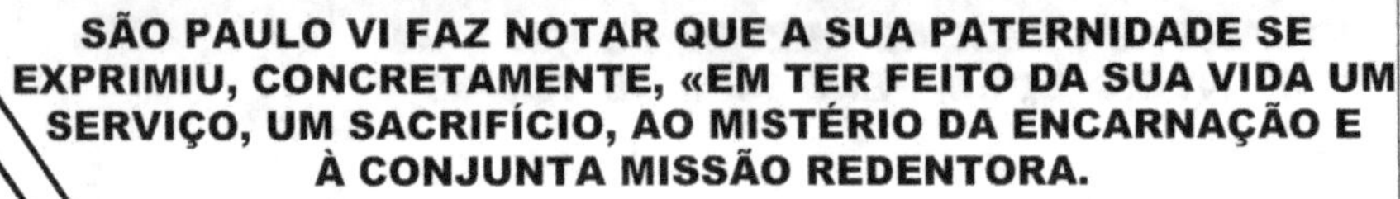

PAI AMADO



SÃO PAULO VI FAZ NOTAR QUE A SUA PATERNIDADE SE EXPRIMIU, CONCRETAMENTE, «EM TER FEITO DA SUA VIDA UM SERVIÇO, UM SACRIFÍCIO, AO MISTÉRIO DA ENCARNAÇÃO E À CONJUNTA MISSÃO REDENTORA.

MUITOS SANTOS E SANTAS FORAM SEUS DEVOTOS APAIXONADOS, ENTRE OS QUAIS SE CONTA TERESA DE ÁVILA

A CONFIANÇA DO POVO EM SÃO JOSÉ ESTÁ CONTIDA NA EXPRESSÃO «ITE AD JOSEPH», QUE FAZ REFERÊNCIA AO PERÍODO DE CARESTIA NO EGITO, QUANDO O POVO PEDIA PÃO AO FARAÓ E ELE RESPONDIA: «IDE TER COM JOSÉ; FAZEI O QUE ELE VOS DISSER»

ANIMADA PELA PRÓPRIA EXPERIÊNCIA, A SANTA PERSUADIA OS OUTROS A SEREM IGUALMENTE DEVOTOS DELE.

EM TODO O MANUAL DE ORAÇÕES, HÁ SEMPRE ALGUMA A SÃO JOSÉ. SÃO-LHE DIRIGIDAS INVOCAÇÕES ESPECIAIS TODAS AS QUARTAS-FEIRAS E, DE FORMA PARTICULAR, DURANTE O MÊS DE MARÇO INTEIRO, TRADICIONALMENTE DEDICADO A ELE.

# PAI NA TERNURA

DIA APÓS DIA, JOSÉ VIA JESUS CRESCER «EM SABEDORIA
, EM ESTATURA E EM GRAÇA,
DIANTE DE DEUS E DOS HOMENS» .

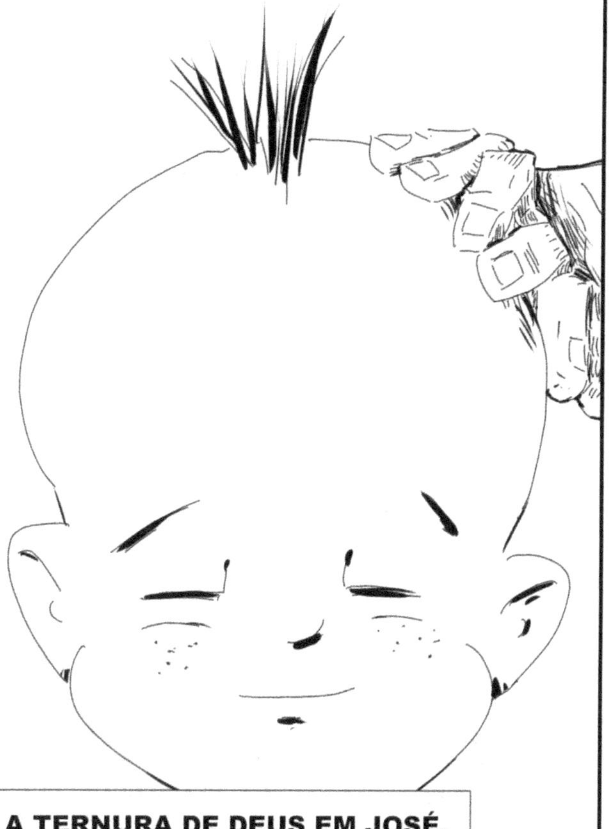

JESUS VIU A TERNURA DE DEUS EM JOSÉ.

**A HISTÓRIA DA SALVAÇÃO REALIZA-SE, «NA ESPERANÇA PARA ALÉM DO QUE SE PODIA ESPERAR», ATRAVÉS DAS NOSSAS FRAQUEZAS.**

**O MALIGNO FAZ-NOS OLHAR PARA A NOSSA FRAGILIDADE COM UM JUÍZO NEGATIVO, AO PASSO QUE O ESPÍRITO TRÁ-LA À LUZ COM TERNURA. A TERNURA É A MELHOR FORMA PARA TOCAR O QUE HÁ DE FRÁGIL EM NÓS.**

A VONTADE DE DEUS, A SUA HISTÓRIA E O SEU
PROJETO PASSAM TAMBÉM ATRAVÉS
DA ANGÚSTIA DE JOSÉ.

POR VEZES QUEREMOS CONTROLAR TUDO,
MAS O OLHAR D'ELE VÊ SEMPRE MAIS LONGE.

# PAI NA OBEDIÊNCIA

JOSÉ SENTE UMA ANGÚSTIA IMENSA COM A GRAVIDEZ INCOMPREENSÍVEL DE MARIA: MAS NÃO QUER «DIFAMÁ-LA», E DECIDE «DEIXÁ-LA SECRETAMENTE» .

NO PRIMEIRO SONHO, O ANJO AJUDA-O A RESOLVER O SEU GRAVE DILEMA.

NO SEGUNDO SONHO, O ANJO DÁ ESTA ORDEM A JOSÉ: «LEVANTA-TE, TOMA O MENINO E SUA MÃE, FOGE PARA O EGITO E FICA LÁ ATÉ QUE EU TE AVISE, POIS HERODES PROCURARÁ O MENINO PARA O MATAR»

JOSÉ NÃO HESITOU EM OBEDECER, SEM SE QUESTIONAR SOBRE AS DIFICULDADES QUE ENCONTRARIA.

EM TODAS AS CIRCUNSTÂNCIAS DA SUA VIDA,
JOSÉ SOUBE PRONUNCIAR O SEU «FIAT», COMO
MARIA NA ANUNCIAÇÃO E JESUS NO GETSÉMANI.

NA SUA FUNÇÃO DE CHEFE DE FAMÍLIA,
JOSÉ ENSINOU JESUS A SER SUBMISSO AOS PAIS,
SEGUNDO O MANDAMENTO DE DEUS .

# PAI NO ACOLHIMENTO

JOSÉ ACOLHE MARIA, SEM COLOCAR CONDIÇÕES PRÉVIAS.

A VIDA ESPIRITUAL QUE JOSÉ NOS MOSTRA, NÃO É UM CAMINHO QUE EXPLICA, MAS UM CAMINHO QUE ACOLHE.
JOSÉ NÃO É UM HOMEM RESIGNADO PASSIVAMENTE. O SEU PROTAGONISMO É CORAJOSO E FORTE.

NA NOSSA VIDA, MUITAS VEZES SUCEDEM COISAS,
CUJO SIGNIFICADO NÃO ENTENDEMOS.

PAPA JOÃO PAULO II



O QUE DEUS DISSE AO NOSSO SANTO – «JOSÉ,
FILHO DE DAVID, NÃO TEMAS...» –, PARECE REPETI-LO A
NÓS TAMBÉM: «NÃO TENHAIS MEDO!».

DEUS PODE FAZER BROTAR FLORES NO MEIO DAS ROCHAS.

ANTES, PELO CONTRÁRIO, A FÉ QUE CRISTO NOS ENSINOU
É A QUE VEMOS EM SÃO JOSÉ,
QUE NÃO PROCURA ATALHOS, MAS
ENFRENTA DE OLHOS ABERTOS AQUILO QUE LHE ACONTECE,
ASSUMINDO PESSOALMENTE A RESPONSABILIDADE POR ISSO.

O ACOLHIMENTO DE JOSÉ CONVIDA-NOS
A RECEBER OS OUTROS,
SEM EXCLUSÕES, TAL COMO SÃO,
RESERVANDO UMA PREDILEÇÃO
ESPECIAL PELOS MAIS FRÁGEIS,
PORQUE DEUS ESCOLHE O QUE É
FRÁGIL, É «PAI DOS ÓRFÃOS E
DEFENSOR DAS VIÚVAS» E MANDA
AMAR O FORASTEIRO.

# PAI COM CORAGEM CRIATIVA

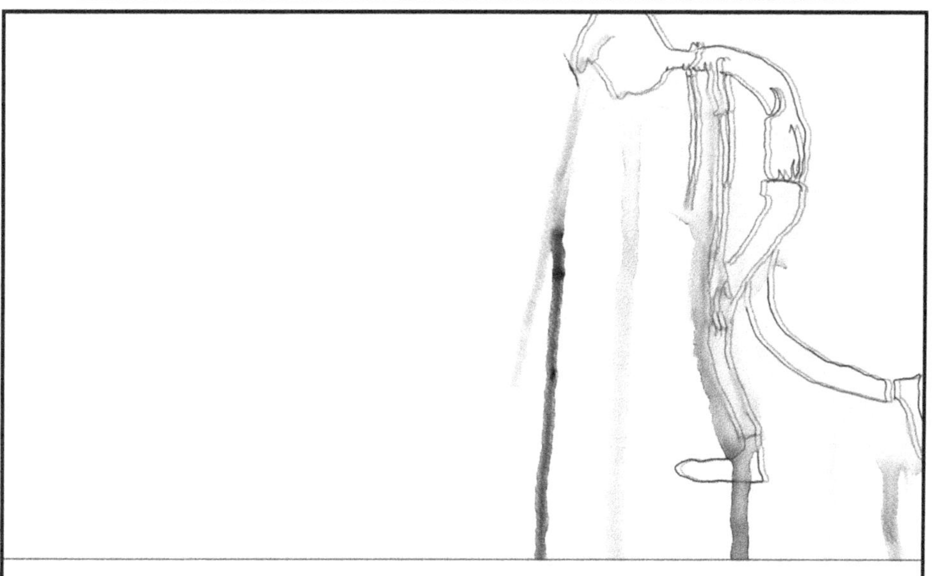

COM EFEITO, PERANTE UMA DIFICULDADE,
PODE-SE ESTACAR E ABANDONAR O CAMPO,
OU TENTAR VENCÊ-LA DE ALGUM MODO.

ÀS VEZES, SÃO PRECISAMENTE AS DIFICULDADES QUE
FAZEM SAIR DE CADA UM DE NÓS RECURSOS QUE
NEM PENSÁVAMOS TER.

ÀS VEZES TAMBÉM A NOSSA VIDA PARECE À MERCÊ DOS PODERES FORTES, MAS O EVANGELHO DIZ-NOS QUE DEUS CONSEGUE SEMPRE SALVAR AQUILO QUE CONTA, DESDE QU USEMOS A MESMA CORAGEM CRIATIVA DO CARPINTEIRO DE NAZARÉ, O QUAL SABE TRANSFORMAR UM PROBLEMA NUMA OPORTUNIDADE, ANTEPONDO SEMPRE A SUA CONFIANÇA NA PROVIDÊNCIA.

SE, EM DETERMINADAS SITUAÇÕES, PARECE QUE DEUS
NÃO NOS AJUDA, ISSO NÃO SIGNIFICA QUE NOS
TENHA ABANDONADO, MAS QUE CONFIA EM NÓS COM AQUILO
QUE PODEMOS PROJETAR, INVENTAR, ENCONTRAR.

O EVANGELHO NÃO DÁ INFORMAÇÕES RELATIVAS
AO TEMPO QUE MARIA,
JOSÉ E O MENINO PERMANECERAM NO EGITO.
MAS CERTAMENTE TIVERAM DE COMER,
ENCONTRAR UMA CASA, UM EMPREGO.

SEMPRE NOS DEVEMOS INTERROGAR SE ESTAMOS A PROTEGER COM TODAS AS NOSSAS FORÇAS JESUS E MARIA.

DE JOSÉ, DEVEMOS APRENDER O MESMO CUIDADO E RESPONSABILIDADE:
AMAR O MENINO E SUA MÃE; AMAR OS SACRAMENTOS E A CARIDADE; AMAR A IGREJA E OS POBRES.

# PAI TRABALHADOR

SÃO JOSÉ ERA UM CARPINTEIRO QUE TRABALHOU
HONESTAMENTE PARA GARANTIR O
SUSTENTO DA SUA FAMÍLIA.

COMO PODEREMOS FALAR DA DIGNIDADE HUMANA
SEM NOS EMPENHARMOS PARA QUE TODOS,
E CADA UM, TENHAM A POSSIBILIDADE
DUM DIGNO SUSTENTO?

O TRABALHO DE SÃO JOSÉ LEMBRA-NOS QUE O PRÓPRIO DEUS FEITO HOMEM NÃO DESDENHOU O TRABALHO.
NENHUM JOVEM, NENHUMA PESSOA, NENHUMA FAMÍLIA SEM TRABALHO!

# PAI NA SOMBRA

**NÃO SE NASCE PAI, TORNA-SE TAL...**

NA SOCIEDADE ATUAL, MUITAS VEZES
OS FILHOS PARECEM SER ÓRFÃOS DE PAI.

SER PAI SIGNIFICA INTRODUZIR O
FILHO NA EXPERIÊNCIA DA VIDA, NA REALIDADE.

A LÓGICA DO AMOR É SEMPRE UMA LÓGICA DE LIBERDADE,
E JOSÉ SOUBE AMAR DE MANEIRA
EXTRAORDINARIAMENTE LIVRE.

A FELICIDADE DE JOSÉ NÃO SE SITUA NA LÓGICA DO
SACRIFÍCIO DE SI MESMO,
MAS NA LÓGICA DO DOM DE SI MESMO.

NAQUELE HOMEM, NUNCA SE NOTA
FRUSTRAÇÃO, MAS APENAS CONFIANÇA.

CADA FILHO TRAZ SEMPRE CONSIGO UM MISTÉRIO,
ALGO DE INÉDITO QUE SÓ PODE SER REVELADO COM A
AJUDA DUM PAI QUE RESPEITE A SUA LIBERDADE.

O OBJETIVO DESTA CARTA APOSTÓLICA É AUMENTAR O AMOR POR ESTE GRANDE SANTO, PARA NOS SENTIRMOS IMPELIDOS A IMPLORAR A SUA INTERCESSÃO E PARA IMITARMOS AS SUAS VIRTUDES E O SEU DESVELO.

SÓ NOS RESTA IMPLORAR, DE SÃO JOSÉ, A GRAÇA DAS GRAÇAS: A NOSSA CONVERSÃO.

DIRIJAMOS-LHE A NOSSA ORAÇÃO

SALVE, GUARDIÃO DO REDENTOR
E ESPOSO DA VIRGEM MARIA!
A VÓS, DEUS CONFIOU O SEU FILHO;
EM VÓS, MARIA DEPOSITOU
A SUA CONFIANÇA;
CONVOSCO, CRISTO TORNOU-SE HOMEM.

Ó BEM-AVENTURADO JOSÉ, MOSTRAI-VOS
PAI TAMBÉM PARA NÓS
E GUIAI-NOS NO CAMINHO DA VIDA.
ALCANÇAI-NOS GRAÇA,
MISERICÓRDIA E CORAGEM,
E DEFENDEI-NOS DE TODO O MAL. AMEN.

www.ingramcontent.com/pod-product-compliance
Lightning Source LLC
Chambersburg PA
CBHW080730120726
48001CB00010B/3185